VIVIR UN DÍA A LA VEZ

CÓMO CAMINAR CON DIOS EN EL PRESENTE, DESCANSAR EN SU GRACIA Y CONFIAR EL FUTURO EN SUS MANOS

MARÍA ISABEL RODRÍGUEZ

Cómo caminar con Dios en el presente,

descansar en Su gracia

y confiar el futuro en Sus manos

María Isabel Rodríguez

© 2026 María Isabel Rodríguez

Todos los derechos reservados.

Ninguna parte de este libro puede ser reproducida, almacenada o transmitida en forma alguna ni por ningún medio —electrónico, mecánico, fotocopia, grabación u otros— sin el permiso previo y por escrito de la autora, excepto en el caso de citas breves incluidas en reseñas.

Las citas bíblicas han sido tomadas de diversas traducciones de la Biblia.

El uso de las Escrituras se realiza con fines devocionales y educativos.

Este libro ha sido escrito para edificación espiritual, crecimiento personal y fortalecimiento de la fe. No sustituye asesoramiento profesional, médico o psicológico. El lector es responsable de la aplicación de los principios aquí expuestos conforme a su discernimiento y situación personal.

Edición y Corrección:

María Isabel Ministry

Diseño de Portada:

María Isabel Rodríguez & canva

Maquetación e Interior del Libro:

Maria Isabel Ministry

Archivo personal de la autora

Primera edición:

2026

Publicado por:

Maria Isabel Ministry

Vineland, New Jersey

ISBN: 979-8-9941187-6-4

Impreso en Estados Unidos

Dedicado a todos los que han aprendido que la fe no se vive corriendo,

sino caminando con Dios...

un día a la vez.

SOBRE ESTE LIBRO

Este libro fue diseñado como una guía espiritual y emocional para ayudarte a vivir con paz, propósito y claridad. Su contenido no sustituye consejería profesional; es una herramienta para fortalecer tu fe y ayudarte a caminar de la mano de Dios un día a la vez.

CÓMO USAR ESTE LIBRO

- Léelo sin prisa.
- Marca lo que te impacte.
- Repite ejercicios las veces que necesites.
- Úsalo como devocional diario.

Sobre Este Libro

- Compártelo en grupos pequeños o discipulados.

- Vuelve a él cada vez que tu alma necesite descanso.

PRÓLOGO

Cuando la Vida se Vuelve Demasiado Pesada, Dios Nos Enseña a Vivir un Día a la Vez

Vivimos en una generación que corre sin dirección, que respira sin descanso, que duerme sin paz. Una generación que se siente cargada, acelerada, inquieta, y que en su afán por alcanzar todo... ha perdido la capacidad de detenerse en el hoy.

Hemos aprendido a vivir pendientes del mañana, preocupados por lo que aún no existe, cargando guerras que todavía no hemos peleado, llorando batallas que quizá nunca se presentarán. Nos hemos convertido en expertos del qué pasará, pero principiantes del qué Dios está haciendo hoy.

Y mientras el ser humano se ata al futuro, Dios sigue llamando únicamente al presente. Porque Dios siempre habla en tiempo real. Él es el Dios del "Hoy te sano", "Hoy te levanto", "Hoy estoy contigo", "Hoy es el día de salvación".

Dios no te pide que cargues toda la vida; solo te pide que confíes en Él… hoy.

Este libro nace desde esa verdad eterna. Nace de un corazón pastoral que ha visto a muchos caminar cansados porque intentan vivir años enteros en un solo día. Nace de mis propias temporadas donde el mañana me gritaba tan alto que me impedía escuchar la voz del Padre en el presente. Y nace, sobre todo, del deseo de recordarte que la vida cristiana no se sostiene en grandes hazañas, sino en pasos pequeños, firmes y diarios.

Jesús fue claro cuando dijo: "Basta a cada día su propio afán".

No fue un consejo emocional, fue una orden espiritual. Porque Él sabía que la ansiedad del mañana roba la fe del hoy. Él sabía que preocuparse por el futuro drena, desgasta, confunde y paraliza. Él sabía que el corazón humano no fue diseñado para cargar años, sino días.

Este libro es una invitación.

Una invitación a respirar.

A soltar.

A renunciar al peso innecesario.

A mirar el cielo y recordar que tu mañana ya está en las manos de Aquel que nunca pierde control.

Una invitación a volver a la sencillez del Evangelio: caminar con Dios un día a la vez.

Aquí encontrarás verdades bíblicas, reflexiones profundas y ejercicios prácticos que te ayudarán a vivir con propósito, paz y claridad. No es un libro para leer rápido, sino para vivirlo. Para detenerte, observar y descubrir que Dios está en cada detalle de tu día.

Mi oración es que cada página te devuelva al lugar donde todo comenzó: la presencia de Dios.

Que este libro se convierta en un descanso para tu alma, en un recordatorio de que no estás sola(o), y en un mapa espiritual que te conduzca a una vida más ligera, más consciente y más llena de fe.

Porque la verdadera victoria no es llegar rápido, sino llegar acompañado del Dios que sostiene cada uno de tus días.

Bienvenida(o) a esta travesía.

Vamos a vivir... un día a la vez.

INTRODUCCIÓN

"LA GRACIA SUFICIENTE PARA EL HOY"

Hay momentos en la vida en los que el alma siente que no puede más. Tiempos donde el futuro parece demasiado grande, el pasado demasiado doloroso y el presente demasiado confuso. En esos momentos, algo dentro de nosotros grita por respuestas, por dirección, por alivio. Y sin darnos cuenta, comenzamos a hacer lo que Dios nunca nos pidió: intentar vivir más allá del día que tenemos delante.

Vivimos en tiempos donde todo se mueve rápido: la información, las decisiones, las expectativas, los compromisos, las crisis. El mundo nos ha entrenado para anticipar, planificar, correr, producir y responder... pero muy pocas veces nos ha enseñado a descansar. Especialmente cuando ese descanso proviene de Dios.

Cuando Jesús dijo:

"Basta a cada día su propio afán" (Mateo 6:34)

---

no estaba proponiendo una filosofía de vida ligera, sino estableciendo un fundamento espiritual: el ser humano no fue diseñado para cargar el peso del mañana. La ansiedad, el miedo y la preocupación son señales de que estamos intentando ocupar un lugar que solo le pertenece a Él: el de controlar el futuro.

La verdad es que el mañana le pertenece a Dios, pero el hoy te pertenece a ti.

Y es aquí donde comienza el viaje de este libro: en la invitación divina de caminar día por día, paso por paso, respiración por respiración. No porque Dios quiera limitarte, sino porque Él conoce tu capacidad, Él conoce tu alma, Él sabe cuándo te cansas, cuándo dudas, cuándo te sobrecargas y cuándo necesitas que alguien te recuerde que no estás caminando sola(o).

Un día a la vez no significa conformismo.

No significa pensar pequeño, no significa falta de visión, no significa renunciar a tus sueños.

Significa aprender a construirlos con sabiduría, orden y dependencia del Creador.

Significa reconocer que Dios te dio metas para tu futuro, pero gracia solo para tu día.

Y cuando intentas vivir fuera de la medida que Dios te da, el alma se rompe, el corazón se agota y la fe se dispersa.

El afán no aparece de golpe; se acumula.

Un pensamiento aquí.

Una preocupación allá.

Una noticia inesperada.

Un temor oculto.

Una presión emocional.

Hasta que sin darte cuenta, tu corazón vive más en el "qué pasará" que en el "qué Dios está haciendo ahora".

Pero la Biblia nos recuerda una y otra vez que Dios obra en el presente:

- "HOY he puesto delante de ti bendición y maldición."

- "HOY estarás conmigo en el paraíso."

- "HOY se ha cumplido esta palabra delante de vosotros."

- "Si oyes su voz HOY, no endurezcas tu corazón."

La fe siempre se activa en el hoy.

Este libro es una pausa.

Una pausa en tu ritmo.

Una pausa en tus pensamientos.

Una pausa en tu carga.

Una pausa para reenfocarte en lo eterno.

Aquí aprenderás a caminar con propósito, pero sin ansiedad.

A soñar, pero sin desesperación.

A planificar, pero con paz.

A confiar, incluso cuando no ves.

A construir, incluso cuando todo parece lento.

A avanzar, incluso cuando sólo puedes dar un paso a la vez.

¿Por qué?

Porque Dios hace milagros en medidas pequeñas.

Porque Él nunca te pidió que corrieras toda la carrera hoy.

Solo te pidió que dieras el paso correcto... hoy.

Mi deseo es que mientras leas estas páginas, sientas cómo el peso se levanta, cómo la claridad regresa, cómo la fe respira y cómo la voz de Dios se hace nuevamente audible entre todo el ruido de la vida.

Este libro no cambiará tus circunstancias de un día para otro —pero cambiará cómo las enfrentas.

Y eso transforma absolutamente todo.

Así que abre tu corazón.

Respira profundo.

Confía otra vez.

Porque Dios te ha dado todo lo que necesitas para vivir este día.

Y mañana, Él te dará lo que necesites para el que sigue.

Bienvenido(a) a esta jornada espiritual.

Bienvenido(a) al arte divino de vivir un día a la vez.

"Para los que siguen caminando, aun cuando el alma quisiera detenerse.

Dedico este libro a todos aquellos que han sentido el peso de la vida sobre sus hombros y aun así han decidido levantarse una vez más. A los que lloran en silencio, pero continúan avanzando. A los que no entienden todo lo que están viviendo, pero siguen creyendo que Dios tiene un plan perfecto.

A ti, que has cargado más de lo que te corresponde.

A ti, que te has preocupado por un mañana que todavía no existe.

A ti, que has intentado ser fuerte para todos, mientras por dentro rogabas por un respiro.

A ti, que has buscado respuestas, dirección, descanso y un poco de paz.

Este libro es para los que necesitan recordar que no están solos.

Para los que han estado luchando con la ansiedad, las dudas, el miedo y la incertidumbre.

Para los que han atravesado temporadas donde el corazón parecía cansado y el espíritu agotado.

Lo dedico a cada hijo de Dios que ha olvidado por momentos que el Padre no pide perfección... pide dependencia.

Que no exige que cargues el futuro... solo que camines con Él hoy.

Y también se lo dedico a ti, que en este instante tienes este libro en tus manos, porque eso es evidencia de que Dios te está llamando a descansar en Él. A rendir el afán. A soltar lo que no te corresponde. A respirar en Su presencia. A volver a vivir un día a la vez.

Que estas páginas te abracen donde nadie te vio llorar.

Que te recuerden que eres más fuerte de lo que crees y más amado(a) de lo que imaginas.

Que el Dios que sostiene el universo... también sostiene tu día.

Con amor,

María Isabel Rodríguez

CARTA PERSONAL AL LECTOR

"Este libro llegó a ti por propósito, no por casualidad."

Querido lector, querida lectora:

Antes de que continúes leyendo este libro, quiero hablarte desde el corazón. No como autora, no como pastora, sino como una persona que también ha tenido que aprender —muchas veces con lágrimas, otras veces con silencio, y otras con valentía— a vivir un día a la vez.

Si este libro llegó a tus manos, no es porque estabas buscando simplemente una lectura nueva. Llegó porque tu alma estaba clamando por un respiro, por una dirección, por una palabra que te recordará que no estás hecho para cargar un mundo entero en tus hombros.

Yo también pasé por días donde el mañana me intimidó. Momentos donde mis pensamientos corrían más rápido que mi fe. Tiempos donde la fuerza se sentía poca, la claridad nula, y el futuro incierto. Y fue en esos momentos donde Dios me llevó de la mano a un lugar de descanso que nunca había entendido: el presente.

Dios no te pide que vivas toda tu vida hoy; solo te pide que vivas este día con Él.

Y esa verdad transformó mi caminar.

Quiero que cuando leas estas páginas no te apures.

No te corras.

No intentes llegar rápido.

Este no es un libro para terminar...

Es un libro para vivir.

Tómate tu tiempo.

Subraya.

Respira.

Detente si es necesario.

Llora si tu alma lo pide.

Escribe.

Ora.

Déjate guiar.

Cada capítulo fue escrito pensando en ti: en tus cargas, tus preguntas, tus noches difíciles, tus victorias silenciosas, tus búsquedas internas. En todo lo que llevas dentro y no siempre puedes expresar.

Mi oración es que este libro sea una mano que toma la tuya.

Que te recuerde que Dios te ve, te escucha, te conoce y te acompaña.

Que te abrace donde nadie más sabe que duele.

Que te devuelva la capacidad de confiar.

Que despierte tu fe.

Que alivie tu mente.

Que renueve tu espíritu.

Que te devuelva el gozo del hoy.

Si estás leyendo esto, quiero que sepas algo muy importante:

tu historia no terminó. Tu propósito sigue vivo. Y Dios ya está presente en tu próximo paso.

Gracias por permitir que mis palabras entren a tu vida.

Gracias por confiar en este proceso.

MARÍA ISABEL RODRÍGUEZ

Gracias por abrir tu corazón al mensaje divino de vivir un día a la vez.

Estoy caminando contigo.

Con amor,

María Isabel Rodríguez

1

LA VOLUNTAD DE DIOS ESTÁ EN EL "HOY"

Frase :

"Dios habla en presente; la ansiedad habla en futuro."

Versículo Clave:

"Este es el día que hizo Jehová; nos gozaremos y alegraremos en él." – Salmos 118:24

1. DIOS SE MUEVE EN TIEMPO REAL

Cuando pensamos en la voluntad de Dios, muchas veces la imaginamos como un plano enorme que cubre años, temporadas completas, etapas completas de la vida. Y sí, Dios tiene un propósito que abarca toda nuestra existencia. Pero la realidad bíblica es que la voluntad de Dios para tu vida está revelada principalmente en el hoy.

Dios no te pide que resuelvas toda tu vida en un solo día.

Dios no te pide que tengas todas las respuestas.

Dios no te pide que cargues con el peso de diez años futuros.

Él solo te pide una cosa: obediencia hoy.

Cuando Él sustentó al pueblo de Israel en el desierto, no les dio pan para un mes. Les dio maná diario — la medida exacta para ese día.

¿Por qué?

Porque Dios enseña dependencia a través de la experiencia del hoy.

La voluntad de Dios no es un mapa completo; es una dirección diaria.

2. EL PELIGRO DE VIVIR EN EL MAÑANA

Vivimos en una generación que se ha vuelto adicta al futuro.

El "¿y si?" se ha convertido en el lenguaje del miedo:

- ¿Y si no alcanzo?

- ¿Y si no puedo?

- ¿Y si me falta?

- ¿Y si algo pasa?

- ¿Y si las cosas no salen bien?

El enemigo no necesita destruirte; solo necesita empujarte a vivir fuera del tiempo donde Dios se mueve.

El mañana genera ansiedad.

El pasado genera dolor.

Pero el hoy genera oportunidad.

La preocupación futura es un ladrón de gozo presente.

Jesús lo sabía cuando dijo:

"Basta a cada día su propio afán." (Mateo 6:34)

Dios te diseñó para avanzar día por día, no para cargar años en un solo paso.

3. LA OBEDIENCIA DE HOY ABRE LAS PUERTAS DEL MAÑANA

Muchos quieren ver cambios grandes en su vida, pero quieren hacerlo sin los pasos pequeños de hoy.

La transformación no sucede en un instante: sucede en decisiones diarias.

El futuro se construye de hábitos.

El propósito se construye de obediencia.

El carácter se construye de constancia.

Y todo eso ocurre en el hoy.

Dios no está esperando que seas perfecto, está esperando que seas dispuesto(a).

El "sí" que le das a Dios hoy, abre puertas mañana que aún no puedes imaginar.

4. EL HOY COMO ESPACIO SAGRADO

Tu día no es común. Tu día es un altar.

Cada conversación, cada responsabilidad, cada pequeño acto es parte del propósito de Dios.

A veces pensamos que solo los momentos grandes son espirituales:

- un culto

- una palabra profética

- una oración intensa

- un milagro visible

Pero Dios se mueve en lo cotidiano:

en la casa, en el trabajo, en el caos, en el silencio, en lo sencillo.

Él está presente en el hoy porque el hoy es el único lugar donde puedes encontrarte con Él.

Dios no se manifiesta en el mañana porque tú no estás ahí todavía.

Él se manifiesta ahora.

5. EL ENEMIGO QUIERE SACARTE DEL PRESENTE

Si el enemigo logra empujarte hacia el futuro con temor, habrá logrado desconectarte del propósito diario que Dios quiere trabajar en tu corazón.

La estrategia más común del enemigo es generar afán y distracción para impedir que tu mente esté en el hoy.

Porque cuando tu mente está en el mañana, tu alma deja de oír la voz del Espíritu.

El afán no solo roba paz, roba discernimiento.

Por eso, vivir el hoy es un acto de guerra espiritual.

Es decirle al enemigo:

"Hoy confío, hoy creo, hoy obedezco, hoy me levanto."

6. DIOS REVELA SU VOLUNTAD UN DÍA A LA VEZ

Dios no te muestra el camino completo porque si lo hiciera:

• Te apresurarías.

• Te asustarías.

• Querrías controlarlo.

• Dejarías de depender de Él.

Dios revela lo necesario para hoy porque quiere caminar contigo mañana.

Él sabe que si ves todo el panorama, no necesitarás su dirección paso a paso.

Por eso te da luz solo para el tramo que estás recorriendo.

REFLEXIÓN DEL CAPÍTULO

Pregúntate:

¿Qué de mi vida estoy intentando controlar que no me corresponde hoy?

¿Dónde estoy corriendo más rápido que Dios?

¿Estoy viviendo más en el mañana que en el presente?

Respira.

Vuelve al centro.

Dios está aquí — en este día.

Y todo lo que necesitas para hoy... ya lo tienes.

EJERCICIO PRÁCTICO DEL DÍA

"El Diario del Hoy"

Toma cinco minutos y escribe tres cosas que Dios te ha pedido hacer hoy, no mañana.

Pueden ser simples:

- Un mensaje que enviar

- Una tarea que completar

- Un agradecimiento que expresar

- Un tiempo con Él

Luego entrégale a Dios cualquier pensamiento que te empuje hacia el mañana.

Haz esta práctica todos los días de esta semana.

2

SOLTANDO EL CONTROL DEL MAÑANA

Frase:

"Lo que tú no puedes controlar, Dios ya lo gobierna."

Versículo Clave:

"Así que, no os afanéis por el día de mañana, porque el día de mañana traerá su afán." – Mateo 6:34

1. EL MAÑANA NO TE PERTENECE

Una de las luchas más grandes del ser humano es querer controlar aquello que no le corresponde. Intentamos anticipar escenarios, protegernos del futuro, evitar el dolor, garantizar resultados, asegurar caminos… y en ese intento, terminamos viviendo agotados.

La verdad bíblica es simple, profunda y liberadora:

Dios nunca te pidió controlar el mañana.

Cuando Jesús dijo "no os afanéis por el día de mañana", no estaba minimizando tus preocupaciones, estaba enseñándote un principio espiritual:

El futuro es territorio exclusivo de Dios.

Y cuando el ser humano intenta habitar donde solo Dios reina, la consecuencia inevitable es la ansiedad.

2. LA ILUSIÓN DEL CONTROL

El control es una ilusión que consume energía emocional, espiritual y mental.

Nos hace creer que estamos asegurados, pero lo único que hace es robarnos la capacidad de confiar.

Muchos dicen:

- "Si no lo controlo, ¿qué será de mí?"

- "Si no estoy pendiente de todo, ¿qué pasará?"

- "Si no anticipo, ¿cómo me preparo?"

Pero la fe no se desarrolla anticipando problemas; se desarrolla descansando en la soberanía de Dios.

El control no es protección; es presión.

3. DIOS NUNCA TE HA FALLADO... Y TAMPOCO LO HARÁ EN TU MAÑANA

Cuando miras hacia atrás, te das cuenta de algo:

Dios estuvo. Siempre estuvo.

En las temporadas duras.

En los momentos confusos.

En los días de lágrimas.

En las noches de preguntas.

En las oraciones silenciosas.

En las decisiones que no sabías cómo tomar.

Y así como estuvo allí, estará mañana.

El Dios que sostuvo tu ayer, está sosteniendo hoy tu futuro.

Si Dios te ha sido fiel en lo que ya viviste, ¿por qué temer lo que aún no has vivido?

4. EL CONTROL ES RAÍZ DE ANSIEDAD

La ansiedad casi siempre nace de querer controlar lo incontrolable.

Intentamos manejar:

- el tiempo

- las decisiones de otros

- los resultados

- los procesos

- los escenarios futuros

- los riesgos

- las pérdidas

- los cambios inesperados

Pero cada vez que intentas tomar el control, cargas un peso que no fuiste diseñado(a) para llevar.

La ansiedad no es siempre un problema de futuro,

es un problema de control.

Soltar el control es permitir que Dios sea Dios.

5. LO QUE SUELTAS, DIOS LO ORDENA

El milagro del mañana comienza cuando entregas el miedo del mañana.

Cuando sueltas, Dios toma.

Cuando entregas, Dios acomoda.

Cuando descansas, Dios obra.

Cuando confías, Dios se mueve.

No tienes que tenerlo todo claro para avanzar.

Solo necesitas la fe suficiente para dejar que Dios dirija tus pasos.

El futuro no se enfrenta desde la fuerza; se enfrenta desde la confianza.

6. CAMINAR SIN SABERLO TODO TAMBIÉN ES FE

Abraham salió de su tierra sin saber a dónde iba.

Moisés caminó hacia un mar que aún no estaba abierto.

Josué dio vueltas a una muralla que aún no había caído.

María aceptó un propósito que no comprendía.

Pedro caminó sobre aguas que podían hundirlo.

Nadie caminó porque entendía...

Todos caminaron porque confiaron.

El control mata la fe;

la fe renuncia al control.

7. LA PAZ NACE CUANDO ACEPTAS TU LUGAR

Dios ocupa el trono.

Tú ocupas el asiento a Sus pies.

Dios gobierna el mañana.

Tú obedeces el hoy.

Dios diseña el futuro.

Tú caminas paso a paso.

La paz no viene cuando todo está bajo control,

viene cuando aceptas que no necesitas controlar nada

porque Dios ya lo tiene en Sus manos.

REFLEXIÓN DEL CAPÍTULO

¿Qué áreas de tu vida estás intentando manejar sin la gracia de Dios?

¿Te estás adelantando a temporadas que aún no han llegado?

¿Qué cargas emocionales provienen de querer controlar lo que no puedes?

Respira profundo.

Recuerda: Dios ya está en tu mañana, trabajando en lo que tú ni siquiera ves.

EJERCICIO PRÁCTICO DEL DÍA: "LA CAJA DEL MAÑANA"

1. Toma una hoja en blanco.
2. Escribe tres cosas del mañana que te están generando presión, temor o ansiedad.
3. Dóblalas como si fueran una carta.

4. Preséntalas en oración diciendo: *"Señor, entrego lo que no puedo controlar y recibo la paz para vivir este día."*
5. Guarda esa hoja en un sobre o en una caja especial.
6. Llámala: *"La Caja del Mañana."*

Cada vez que sientas carga por el futuro, vuelve allí... y entrégalo.

3

EL PAN NUESTRO DE CADA DÍA

Frase:

"La provisión de Dios siempre llega en la medida del día, nunca en la angustia del mañana."

Versículo Clave:

"El pan nuestro de cada día, dánoslo hoy." – Mateo 6:11

1. LA PROVISIÓN DE DIOS ES DIARIA, NO ACUMULADA

Jesús pudo enseñarnos a pedir muchas cosas, pero eligió enseñarnos a pedir pan diario.

No mensual.

No anual.

No futuro.

Diario.

Porque la provisión divina no es un almacenamiento, es una relación.

Dios quiere que vuelvas a Él cada mañana, no solo cuando te falte algo.

El pan diario es más que comida — es dependencia, conexión y confianza en el Padre.

En el desierto, el maná no se podía guardar para el día siguiente.

¿Por qué?

Porque Dios no quería que el pueblo confiara en la reserva…

sino en el Proveedor.

2. EL PAN REPRESENTA TODO LO NECESARIO PARA VIVIR

Cuando Jesús dijo "pan", no hablaba solamente de alimento.

El pan representa:

- Fuerza

- Dirección

- Paz

- Sabiduría

- Protección

- Estrategia

- Fortaleza emocional

- Provisión material

- Favor

- Gracia

El pan diario es lo que necesitas para este día, ni más ni menos.

Dios no te dará la fuerza de mañana hoy,

porque hoy no la necesitas.

3. LA FE APRENDE A TOMAR SOLO EL PAN DEL DÍA

A veces queremos respuestas para diez años.

Queremos claridad total.

Queremos entender todo.

Queremos asegurar lo que no ha llegado.

Queremos ver el final antes de empezar.

Pero Dios no trabaja así.

Él trabaja día por día, instrucción por instrucción, paso por paso.

Él no te dará el pan del jueves en lunes,

porque el pan del jueves tiene la gracia del jueves.

Hay bendiciones que no han llegado porque no son para este día.

Hay puertas que no se abren ahora porque no son parte del pan de hoy.

Hay fuerzas que no sientes todavía porque no las necesitas todavía.

4. LA PREOCUPACIÓN APARECE CUANDO ESPERAS EL PAN DE MAÑANA HOY

La ansiedad nace cuando el corazón se adelanta a la provisión.

Cuando intentas vivir hoy con las fuerzas del mañana.

Cuando exiges claridad que no te corresponde.

Cuando pides respuestas para una batalla que aún no ha llegado.

La ansiedad no es falta de fe,

es exceso de futuro.

El pan diario te regresa al presente.

Te recuerda que Dios siempre llega…

pero siempre llega en el día exacto.

Ni antes, ni después.

5. DIOS TE ALIMENTA ESPIRITUALMENTE TODOS LOS DÍAS

El pan también representa Su Palabra.

Jesús lo afirmó:

"No solo de pan vivirá el hombre, sino de toda palabra que sale de la boca de Dios." – Mateo 4:4

Cada día hay una palabra para ti.

Una enseñanza.

Una instrucción.

Un consuelo.

Un recordatorio.

Una dirección.

Cuando no buscas tu pan espiritual diario, tu alma queda hambrienta...

y un alma hambrienta es vulnerable a:

- la duda

- el miedo

- el enojo

- los pensamientos negativos

- la inseguridad

- la tentación

- la confusión

El pan de hoy no te sirve mañana.

Y el pan de ayer no te sostiene hoy.

6. LA PROVISIÓN DE DIOS SIEMPRE LLEGA, AUNQUE NO LLEGUE COMO LA IMAGINAS

A veces el pan llega de forma inesperada:

una llamada, una persona, una idea, un favor, una oportunidad, una palabra, un descanso necesario.

Dios nunca falla en proveer el pan del día,

pero muchas veces lo buscamos en la forma equivocada.

El pan no siempre se ve espectacular.

A veces es sencillo... pero suficiente.

Humilde... pero exacto.

Pequeño... pero poderoso.

REFLEXIÓN DEL CAPÍTULO

Pregúntate:

- ¿Estoy queriendo vivir hoy con el pan del mañana?

- ¿Me estoy preocupando por provisiones que todavía no necesito?

- ¿Estoy recibiendo mi pan espiritual diario?

Dios ya separó tu pan para hoy.

Nada ni nadie podrá impedir que llegue.

Tu único trabajo es confiar lo suficiente para recibirlo.

EJERCICIO PRÁCTICO DEL DÍA:

"El Registro del Pan Diario"

1. Toma un cuaderno y nómbralo: Mi Pan de Hoy.
2. Cada mañana escribe: *"Señor, dame el pan que necesito para este día."*
3. Al final del día, anota tres formas en que Dios te proveyó:

   – una palabra
   – una fuerza
   – un detalle
   – un favor

– una oportunidad
– una respuesta
– una puerta abierta

Esta práctica revelará cuánto Dios cuida cada detalle de tu día.

4

LA ANSIEDAD: EL ENEMIGO DE LA FE DIARIA

Frase :

"La ansiedad es fe desplazada: le crees más al miedo que a la voz de Dios."

Versículo Clave:

―――――――――――――――――――――

"Por nada estéis afanosos... y la paz de Dios, que sobrepasa todo entendimiento, guardará vuestros corazones y vuestros pensamientos." – Filipenses 4:6-7

―――――――――――――――――――――

1. LA ANSIEDAD NO ES UN PECADO, ES UNA SEÑAL

En la Biblia, Dios una y otra vez repite:

"NO temas", "NO te angusties", "NO te preocupes".

Si Dios lo repite tanto, es porque Él sabe que la ansiedad es parte de la experiencia humana.

La ansiedad no te hace débil, no te hace incrédulo(a), ni te hace menos espiritual.

La ansiedad es una alarma interna que indica que tu corazón está cargando más de lo que puede sostener.

La ansiedad no es tu enemiga…

el enemigo es permanecer en ella.

2. LA ANSIEDAD SE ALIMENTA DEL FUTURO Y DEL SILENCIO DE LA FE

La ansiedad crece cuando:

- Piensas demasiado.

- Imagina escenarios que no han pasado.

- Das vueltas a lo mismo mil veces.

- Te preguntas "¿y si…?" constantemente.

• Tratas de resolver con tu mente lo que solo Dios puede resolver con Su poder.

La ansiedad prospera cuando tu mente habita en el mañana y tu fe no se ancla en el hoy.

La ansiedad mira posibilidades; la fe mira promesas.

3. LA GUERRA DE LA ANSIEDAD SE GANA EN LA MENTE

Muchos oran, pero no cambian la forma en que piensan.

Muchos confiesan, pero no transforman los pensamientos que los están desgastando.

La Biblia dice:

> *"Transformaos por medio de la renovación de vuestro entendimiento." – Romanos 12:2*

La mente ansiosa es terreno fértil para:

- exagerar problemas
- anticipar pérdidas
- amplificar temores

- desconfiar de Dios

- hundirse en lo que todavía no existe

La ansiedad exagera el mañana; Dios fortalece el hoy.

4. DIOS NO TE PIDE QUE NO SIENTAS ANSIEDAD… TE PIDE QUE NO VIVAS EN ELLA

Dios no te pide perfección emocional.

No te pide que nunca sientas miedo, nervios o inquietud.

Lo que sí te pide es que no te quedes ahí.

Cuando la ansiedad toca la puerta, debes decidir:

¿Me siento a conversar con ella?

¿o la entregó inmediatamente a Dios?

Pablo enseñó:

"Sean conocidas vuestras peticiones delante de Dios…"

¿Por qué?

Porque lo que callas, te consume.

Y lo que entregas, Dios lo transforma.

5. LA PAZ DE DIOS NO ES EMOCIONAL, ES SOBRENATURAL

Muchos esperan sentir paz para luego creer.

Pero la Biblia enseña lo contrario:

primero crees... y luego llega la paz que guarda corazón y mente.

La paz de Dios no siempre se siente suave;

a veces llega como una fuerza que rompe cadenas mentales,

que calma pensamientos,

que trae claridad en medio del caos,

que te recuerda que no estás solo(a).

La paz de Dios es un escudo.

Un guardián.

Una muralla espiritual.

No viene del ambiente, viene de Su presencia.

6. LA ANSIEDAD DESCONECTA, LA FE RECONECTA

La ansiedad te desconecta de:

- la adoración

- la oración

- la Palabra

- la visión

- la calma

- la claridad

- la confianza

Pero la fe te reconecta a:

- la voz de Dios

- la verdad eterna

- la esperanza

- la dirección

- la fortaleza

La ansiedad te hunde en lo que podría pasar;

la fe te levanta con lo que Dios ya prometió.

7. DIOS SABE CÓMO CALMARTE MEJOR QUE TÚ MISMO(A)

Él conoce el nivel exacto de paz que necesitas.

Él conoce las palabras que tu corazón debe oír.

Él sabe cuándo abrazarte, cuándo hablarte, cuándo callar.

Él sabe cómo tratar tu mente ansiosa sin condenarte.

Dios no te mira con juicio.

Te mira con ternura.

Porque Él sabe lo frágil que puede ser el alma humana

y lo fuerte que puede ser Su amor.

REFLEXIÓN DEL CAPÍTULO

¿Qué pensamiento estás permitiendo que te robe el hoy?

¿A qué le estás dando poder?

¿A la voz del miedo o a la voz de Dios?

Recuerda:

El enemigo quiere tu mente para robarte tu paz,

pero Dios quiere tu corazón para devolverte tu fe.

EJERCICIO PRÁCTICO DEL DÍA:

"La Lista del Intercambio"

1. Escribe 3 pensamientos ansiosos que te están cargando.
2. Luego, debajo de cada uno, escribe una promesa bíblica que lo contradiga.
3. Finalmente ora: *"Señor, hoy intercambio mi ansiedad por Tu paz; mis temores por Tu verdad; mis dudas por Tu promesa."*

Hazlo durante 7 días y verás cómo tu mente comienza a alinearse con Dios.

5

LA GRACIA DE DIOS SE RENUEVA CADA MAÑANA

Frase :

"La misericordia de Dios no se agota... se renueva."

Versículo Clave:

"Por la misericordia de Jehová no hemos sido consumidos... nuevas son cada mañana; grande es tu fidelidad." – Lamentaciones 3:22-23

1. CADA MAÑANA ES UN NUEVO COMIENZO ESPIRITUAL

La vida puede cansar, desgastar y drenar más de lo que mostramos.

Pero Dios, en Su infinita compasión, estableció un ritmo divino:

cada mañana comienzas desde cero.

No desde tus errores.

No desde tus fallas.

No desde tu culpa.

No desde tu ayer.

Cada mañana Dios te entrega un día completamente renovado, limpio, fresco, lleno de gracia nueva.

El cielo no recicla misericordia.

La renueva.

2. LA GRACIA DE AYER NO SIRVE PARA EL CANSANCIO DE HOY

Así como el pan espiritual debe ser diario,

la gracia también es diaria.

La gracia de ayer fue suficiente para tus batallas de ayer.

La de hoy es la medida exacta para tu camino de hoy.

La de mañana aún no la necesitas.

Intentar vivir un día sin gracia diaria

es como intentar caminar sin oxígeno.

Por eso Dios la renueva.

Porque si Él te permitió despertar,

significa que ya depositó en tu espíritu las fuerzas que necesitarás.

3. LA RENOVACIÓN NO DEPENDE DE TI, DEPENDE DE DIOS

Muchos creen que la gracia se activa por comportamiento,

pero se activa por carácter divino.

Tú no puedes arruinar lo que Dios ha decidido renovar.

No puedes ensuciar lo que Dios ha limpiado.

No puedes vencer lo que Dios ya murió para perdonar.

La misericordia no se renueva porque tú eres bueno.

Se renueva porque Él es fiel.

Aunque tú cambies, Dios no cambia.

Aunque tú te canses, Dios no se cansa.

Aunque tú dudes, Dios permanece.

4. LA GRACIA DESACTIVA LA CULPA DEL AYER

Muchos cargan culpas, errores, palabras dichas, decisiones equivocadas, momentos que no quisieron vivir.

Pero cuando Dios renueva Su misericordia cada mañana,

te recuerda un principio poderoso:

El ayer no tiene permiso para definir tu hoy.

La culpa te mira para atrás,

la gracia te empuja hacia adelante.

La culpa te recuerda tu falla,

la gracia te recuerda tu identidad.

La culpa paraliza,

la gracia levanta.

Cada mañana, Dios te dice:

"Levántate. Yo estoy contigo. Comienza de nuevo."

5. LA GRACIA TAMBIÉN TE PROTEGE DE LO QUE AÚN NO VES

Muchos piensan que la gracia solo es perdón.

Pero la gracia es también:

- protección

- fortaleza

- sabiduría

- dirección

- favor

- intervención

- cobertura

- descanso

- soluciones divinas que tú no podías imaginar

Hay cosas de las que Dios te libró hoy

que ni siquiera supiste que te amenazaron.

Dios trabaja con gracia visible...

y con gracia invisible.

6. CADA MAÑANA LA MISERICORDIA TOCA TU PUERTA

Imagina esto:

Cuando abres tus ojos, antes de cualquier pensamiento,

la misericordia de Dios ya está allí, esperándote.

No importa cómo te dormiste.

No importa cómo fue tu día anterior.

No importa si lloraste, te frustraste o fallaste.

Dios llega antes que tu culpa.

Antes que tu cansancio.

Antes que tu preocupación.

Él llega con una bandeja invisible que dice:

"Aquí está Mi gracia para tu día."

7. LA RENOVACIÓN DE DIOS TE INVITA A CREER OTRA VEZ

Muchos abandonan sueños, metas, oraciones y procesos porque se sienten desgastados.

Pero Dios no renueva Su gracia solo para levantarte...

la renueva para impulsarte.

Cada mañana, Su gracia te dice:

• Sigue.

• Levántate.

• Cree otra vez.

• Ora otra vez.

• Inténtalo otra vez.

• Perdona otra vez.

• Confía otra vez.

• Empieza otra vez.

Mientras haya gracia, hay propósito.

Mientras haya misericordia, hay esperanza.

Mientras haya un nuevo amanecer, hay nuevos comienzos.

REFLEXIÓN DEL CAPÍTULO

¿Qué estás arrastrando de ayer que Dios ya te perdonó?

¿Estás viviendo desde la culpa o desde la gracia?

¿Estás tratando de cargar hoy con fuerzas del ayer?

Detente.

Respira.

Dios ya te proveyó la medida exacta para este día.

EJERCICIO PRÁCTICO DEL DÍA:

"La Declaración de la Mañana Nueva"

Cada mañana durante una semana, declara en voz alta:

"Señor, gracias porque hoy tu misericordia es nueva para mí.

Recibo la gracia que necesito para este día.

El ayer quedó atrás, y hoy camino en Tu fidelidad."

Luego escribe en tu cuaderno:

- una cosa que dejarás en el ayer
- una cosa que recibirás para hoy

Hazlo conscientemente.

Siente el peso salir.

Siente la gracia de entrar.

6

CÓMO CAMINAR CON PAZ EN MEDIO DEL CAOS

Frase:

"La paz no es ausencia de problemas; es la presencia de Dios caminando contigo."

Versículo Clave:

"La paz os dejo, mi paz os doy; yo no os la doy como el mundo la da." – Juan 14:27

1. LA PAZ NO DEPENDE DEL AMBIENTE, DEPENDE DEL ESPÍRITU

Muchos esperan que la paz llegue cuando:

- todo se resuelva

- el problema termine

- las preguntas tengan respuesta

- los conflictos se calmen

- las circunstancias mejoren

Pero ese tipo de paz es humana, temporal y frágil.

La paz de Dios es diferente:

es una paz que no cambia aunque todo alrededor cambie.

La paz humana necesita que el entorno esté ordenado.

La paz de Dios ordena tu interior aunque el entorno esté en caos.

2. EL CAOS NO APAGA LA PRESENCIA DE DIOS

A veces pensamos que Dios solo está en los tiempos tranquilos:

cuando todo fluye, cuando el ambiente es perfecto, cuando la vida está en calma.

Pero Jesús demostró todo lo contrario.

Él estuvo:

- en medio de tormentas

- en medio de multitudes desesperadas

- en medio de enfermedades

- en medio de crisis familiares

- en medio de escasez

- en medio del dolor

Y en todos esos lugares... su paz prevaleció.

Si Jesús podía dormir en una barca en plena tormenta,

tú puedes descansar en un Dios que nunca se hunde.

3. LA PAZ COMIENZA DONDE TERMINA TU FUERZA

Dios no pide que seas fuerte para darte paz.

La paz llega cuando reconoces que:

- no puedes con todo

- no sabes todo

- no controlas todo

- no tienes que resolver todo

La paz aparece cuando la rendición sustituye el esfuerzo humano.

El orgullo bloquea la paz.

La humildad la activa.

El alma se convierte en tierra fértil cuando admite su necesidad.

4. LA PAZ NO ES EMOCIÓN, ES DECISIÓN

Hay días donde no "sientes" paz.

Días donde el corazón te traiciona.

Donde los pensamientos corren.

Donde el cuerpo tiembla.

Donde la noticia te sacude.

Pero la paz de Dios no es un sentimiento;

es una postura espiritual.

Es decir:

"Padre, aunque no lo sienta, yo CONFÍO."

La paz no siempre se siente primero.

A veces se decide primero… y se siente después.

5. DIOS TE PERMITE PASAR POR TORMENTAS PARA REVELARTE SU PAZ

La tormenta no es castigo; es entrenamiento.

No es abandono; es preparación.

No es señal de que Dios no está; es señal de que está formando algo profundo dentro de ti.

La paz se conoce verdaderamente en:

- el diagnóstico inesperado

- el cambio que no pediste

- la noche larga

- la puerta que se cerró

- la temporada incierta

- la batalla interna

- la presión diaria

Un barco no necesita ancla en tierra firme.

El ancla se prueba en el mar.

Tu fe no necesita paz cuando todo está estable;

tu fe necesita paz cuando todo se mueve.

6. LA PAZ GUARDA TU CORAZÓN Y TU MENTE

Filipenses 4:7 dice que la paz de Dios "guarda" el corazón y los pensamientos.

En el original, la palabra "guardar" es un término militar que significa:

proteger, rodear, vigilar, custodiar.

La paz es un soldado espiritual que custodia:

- tus emociones

- tus pensamientos

- tu ánimo

- tus decisiones

• tu enfoque

No estás solo(a).

La paz de Dios trabaja incluso cuando tú duermes.

7. LA PAZ ES UNA ARMA ESPIRITUAL, NO UN SENTIMIENTO SUAVE

Muchos piensan que la paz es pasiva, pero la paz de Dios es agresiva.

Es una fuerza que neutraliza:

• el temor

• la ansiedad

• el caos emocional

• la confusión mental

• el descontrol interno

• la desesperación

La paz no es débil.

La paz es una guerra ganada.

REFLEXIÓN DEL CAPÍTULO

¿Tu paz depende del ambiente o de la Presencia?

¿Has entregado tus cargas o sigues luchando con tu propia fuerza?

¿Estás esperando "sentir paz" para confiar... o confiando para recibirla?

Respira.

Dios no está lejos.

Él está en tu barca.

Y si Él está ahí, la tormenta no tiene la última palabra.

EJERCICIO PRÁCTICO DEL DÍA:

"El Respiro Profundo con Dios"

1. Siéntate en silencio por dos minutos.
2. Respira profundo y lentamente tres veces.
3. Con cada exhalación, repite: *"Señor, Tú eres mi paz."*

4. Escribe en tu cuaderno:

    - la situación que más te inquieta
    - cómo te gustaría que Dios te guíe

5. Termina con una oración corta: *"Padre, entro en Tu paz. Toma lo que yo no puedo controlar."*

Hazlo diariamente.

Tu sistema espiritual y emocional se alinea con el ritmo del cielo cuando practicas la paz.

7

EL ARTE DE ESPERAR SIN DESESPERAR

Frase:

"La espera no es tiempo perdido; es el taller donde Dios forma tu carácter."

Versículo Clave:

"Pero los que esperan a Jehová tendrán nuevas fuerzas; levantarán alas como las águilas..." – Isaías 40:31

1. ESPERAR NO ES DETENERSE, ES MADURAR

La mayoría piensa que esperar es estar sin hacer nada, pero bíblicamente esperar significa ser fortalecido mientras confías.

La espera es una temporada donde:

- Dios afina tu visión

- forma tu carácter

- sana lo que no ves

- ordena lo que aún no está listo

- prepara el terreno para lo que te prometió

Esperar no significa que Dios olvidó tu oración.

Significa que está trabajando en silencio mientras te procesa en lo interno.

2. LA DESESPERACIÓN NACE CUANDO QUIERES ADELANTARTE AL TIEMPO DE DIOS

El alma se desespera cuando:

- el proceso parece lento

- la respuesta no llega

- el futuro no se ve claro

- la oración tarda

- el sueño parece lejos

- el camino se siente estancado

Pero la desesperación es fruto del afán.

Y el afán es fruto del miedo.

El que confía, espera.

El que teme, corre.

La desesperación siempre te empuja a querer tomar atajos

que luego producen consecuencias.

3. DIOS NO TRABAJA EN TU RELOJ, TRABAJA EN TU PROPÓSITO

Dios no se mueve por urgencia, se mueve por propósito.

Él no se retrasa; Él se sincroniza con lo que está formando en ti.

A veces tardas en recibir porque:

- tu carácter aún no está listo

- la puerta aún no está preparada
- la temporada aún no llegó
- las personas necesarias aún no han sido posicionadas
- tu espíritu debe madurar un poco más

Dios no tarda:

Dios acomoda.

Dios ordena.

Dios prepara.

4. LA ESPERA TE ENSEÑA A CONFIAR MÁS QUE A ENTENDER

Hay cosas que Dios no te explica porque si te las explica, no aprenderías a confiar.

La fe no se desarrolla cuando entiendes todo,

sino cuando sigues caminando

a pesar de no entender nada.

La espera te obliga a:

- soltar tus planes
- dejar tus agendas

- confiar aunque duela

- creer aunque no veas

- depender aunque no tengas control

La espera te convierte de creyente... a hijo.

5. EN LA ESPERA DIOS TRABAJA MÁS EN TI QUE EN LA SITUACIÓN

Dios podría darte la respuesta inmediata...

pero perderías el proceso que te hace fuerte.

Dios podría abrir la puerta hoy...

pero entrarías sin la madurez necesaria.

Dios podría acelerar tu camino...

pero llegarías sin estructura interna.

Muchas veces la espera es el verdadero milagro.

Porque allí:

- tu fe crece

- tu carácter se pule

- tu corazón se sana

- tu visión se aclara

- tu dependencia aumenta

- tu discernimiento se afina

La espera no te atrasa: te construye.

6. LA ESPERA BIEN VIVIDA PRODUCE PAZ

No toda espera es desesperación.

Hay una espera madura, tranquila, en reposo.

Una espera donde dices:

"Señor, no entiendo todo… pero confío.

No veo todo… pero descanso.

No tengo todo… pero sé que Tú estás obrando."

La paz no llega cuando Dios responde.

La paz llega cuando tú confías antes de ver la respuesta.

7. MIENTRAS ESPERAS, DIOS ESTÁ MOVIENDO EL CIELO A TU FAVOR

Mientras tú esperas:

- Él te protege

- Él abre caminos invisibles

- Él te libra de decisiones equivocadas

- Él evita que te adelantes a algo que te haría daño

- Él acomoda piezas que tú no puedes mover

- Él posiciona recursos

- Él alinea conexiones

- Él prepara el escenario de tu victoria

El cielo nunca está quieto.

El cielo está trabajando aunque tú no lo sientas.

REFLEXIÓN DEL CAPÍTULO

¿Qué parte de ti se ha desesperado?

¿En qué área estás intentando adelantar el tiempo de Dios?

¿Puedes descansar en saber que Él está trabajando incluso cuando tú no ves nada?

Recuerda:

Lo que Dios construye en la espera nunca se derrumba.

EJERCICIO PRÁCTICO DEL DÍA:

"Escribe Tu Confesión de Espera"

1. En una hoja escribe aquello por lo que Dios te ha hecho esperar.
2. Debajo escribe una declaración de confianza, por ejemplo: *"Aunque no veo, confío. Aunque tarda, Tú no fallas. Aunque espero, Tú me fortaleces".*
3. Coloca esa hoja en un lugar donde la veas diariamente.
4. Cada vez que la leas, respira y di: *"Señor, haz tu voluntad en tu tiempo."*

Haz esto por 7 días.

Tu espíritu se alineará al ritmo de Dios.

8

HACIENDO ESPACIO PARA DIOS EN EL DÍA

Frase:

"Dios no compite con tu agenda; Él espera que lo invites."

Versículo Clave:

―――――――――――――――――――――

"Estad quietos, y conoced que yo soy Dios." – Salmos 46:10

―――――――――――――――――――――

1. DIOS NO PIDE MUCHO TIEMPO, PIDE EL PRIMER LUGAR

Vivimos en una generación saturada: alarmas, mensajes, pendientes, compromisos, responsabilidades, notificaciones...

El día comienza antes de que el corazón despierte,

y se llena antes de que el alma tenga espacio para respirar.

Dios no pide que pases horas con Él — aunque si puedes, es hermoso.

Lo que Él pide es prioridad.

Porque donde está tu prioridad, está tu corazón.

No necesitas más horas, necesitas un corazón que decida abrirle espacio.

2. LA AGENDA LLENA NO SIEMPRE ES UNA AGENDA PRODUCTIVA

Muchos sienten culpa por no tener "tiempo para Dios",

pero la realidad es que el tiempo no se encuentra, se crea.

El enemigo sabe que si no puede detenerte espiritualmente,

te ocupará emocionalmente.

Una vida llena de ruido deja poco espacio para escuchar la voz más importante:

la de Dios.

El ruido no siempre es pecado;

a veces es distracción.

3. EL SECRETO DEL DÍA ESTÁ EN EL PRIMER MINUTO

Lo que haces en los primeros minutos de tu día determina la atmósfera de tu jornada.

Si abres con preocupación,

el día se vuelve pesado.

Si abres con redes,

el día se vuelve ruidoso.

Si abres con carrera,

el día se vuelve caótico.

Pero si abres con Dios,

el día se vuelve guiado.

La presencia de Dios no elimina los problemas…

pero te da la fortaleza y sabiduría para enfrentarlos.

4. LA PRESENCIA DE DIOS NO REQUIERE PERFECCIÓN, REQUIERE INTENCIÓN

No tienes que orar "bonito".

No tienes que tener palabras perfectas.

No tienes que tener un ambiente especial.

Dios se mueve:

- en el carro
- en la cocina
- en la ducha
- camino al trabajo
- en un descanso
- en el silencio
- en el caos
- en tu rincón favorito
- en tu llanto
- en tu cansancio

Donde tú lo invites... Él entra.

5. HACER ESPACIO PARA DIOS ES DEJAR DE BUSCARLO SOLO EN EMERGENCIAS

Muchos buscan a Dios cuando algo pasa.

Cuando hay crisis, dolor, pérdida, presión, confusión.

Y Dios responde — porque Él es fiel.

Pero la verdadera profundidad espiritual nace cuando lo buscas no por crisis, sino por amor.

No por necesidad, sino por relación.

No por urgencia, sino por intimidad.

Él quiere ser tu fuente diaria, no tu último recurso.

6. CUANDO HACES ESPACIO, DIOS ORDENA TU DÍA

Algo poderoso ocurre cuando Dios entra primero:

- Tu mente se aclara
- Tu corazón se estabiliza
- Tus prioridades se alinean
- Tu espíritu se fortalece

- La ansiedad disminuye

- La presión baja

- La sabiduría aumenta

- La paz fluye

Dios ordena lo que tú no puedes estructurar.

Él no necesita mucho; con un espacio, hace milagros.

7. TU DÍA TIENE UN LUGAR DONDE DIOS QUIERE HABLARTE

Hay una conversación divina preparada para tu día.

Una palabra.

Una revelación.

Una dirección.

Un consuelo.

Una corrección.

Una fuerza.

Pero solo la recibirás si haces espacio.

Dios siempre tiene algo que decir.

La pregunta es:

¿Tienes un lugar para escucharlo?

REFLEXIÓN DEL CAPÍTULO

¿En qué parte de tu día Dios está quedando fuera?

¿Tu vida está demasiado llena para escuchar Su voz?

¿Estás reaccionando a tu día o construyéndolo desde la presencia?

Recuerda:

Un día con espacio para Dios es un día con propósito y paz.

EJERCICIO PRÁCTICO DEL DÍA:

"Mi Rincón con Dios"

1. Elige un espacio físico o momento del día que será exclusivamente para Dios.
2. Puede ser un sillón, un escritorio, un pedazo de tu cuarto, o tu carro antes de entrar al trabajo.
3. Dedica 5–10 minutos diarios para:

– Leer un versículo
– Respirar en silencio
– Hablarle a Dios con sinceridad

– Escuchar lo que Él deposita en tu corazón

4. Escribe en tu cuaderno una frase que resuma lo que Dios te habló ese día.

Hazlo por 7 días seguidos.

Verás cómo cambia tu conexión, tu paz y tu claridad interna.

9

CUANDO EL AYER DUELE Y EL MAÑANA ATERRORIZA

Frase:

"El pasado ya fue redimido y el futuro ya está asegurado; tu lucha está en creerlo."

Versículo Clave:

"No os acordéis de las cosas pasadas... he aquí yo hago cosa nueva." – Isaías 43:18-19

1. EL AYER PUEDE CONVERTIRSE EN CÁRCEL… O EN MAESTRO

Hay recuerdos que sanan, pero también hay recuerdos que hieren.

Hay memorias que impulsan, pero hay otras que paralizan.

Muchos viven atrapados en:

- errores que cometieron

- palabras que dijeron

- decisiones que tomaron

- traiciones que sufrieron

- pérdidas que no esperaban

- temporadas que desearían borrar

El pasado tiene poder, pero solo el poder que tú le das.

Jesús murió por tu pecado, pero también murió por tu ayer.

Para que no tengas que vivir encadenado a lo que ya no existe.

2. EL DOLOR DEL AYER SE SIENTE REAL, PERO NO DEFINE TU IDENTIDAD

El enemigo usa el pasado como arma:

- te acusa

- te recuerda lo que hiciste

- te repite lo que perdiste

- te señala lo que fallaste

- te hace creer que no has cambiado

- te desanima para no avanzar

Pero Dios dice:

> *"Las cosas viejas pasaron; todas son hechas nuevas." – 2 Corintios 5:17*

El pasado puede marcarte,

pero no puede definirse como tu final.

3. EL AYER SANA CUANDO LO ENTREGAS, NO CUANDO LO ENTIENDES

Hay preguntas que nunca tendrán respuesta:

¿por qué me pasó esto?

¿por qué me fallaron?

¿por qué tuve que vivir esta pérdida?

¿por qué Dios permitió aquello?

Intentar encontrar explicación a todo

solo prolonga el dolor.

El camino bíblico no es "entender", es entregar.

Dios no pide comprensión,

pide rendición.

Cuando lo entregas, Él sana.

Cuando lo sueltas, Él restaura.

Cuando lo expones, Él transforma.

4. EL MAÑANA SE VUELVE ATERRADOR CUANDO EL AYER NO ESTÁ SANADO

Muchas personas temen el futuro porque todavía sangran del pasado.

- Si te abandonaron ayer, temes amar mañana.

- Si fracasaste ayer, temes intentar mañana.

- Si perdiste ayer, temes creer mañana.

- Si alguien te hirió ayer, temes confiar mañana.

Pero Dios no quiere que vivas reaccionando desde heridas antiguas.

Él quiere que vivas avanzando desde la sanidad que Él ofrece hoy.

El futuro no debe herirte antes de existir.

5. DIOS NO SOLO RESTAURA EL PASADO… TAMBIÉN REDIRIGE TU FUTURO

No importa cuánto dolor haya atrás.

No importa cuántas lágrimas.

No importa cuánta pérdida.

No importa cuánta culpa.

Dios tiene poder para:

- restaurar

- redimir

- reconstruir

- renovar

- reposicionar

- reescribir tu historia

Tu pasado no es excusa para que Dios no te use;

tu pasado es el lienzo donde Su gloria será revelada.

6. EL TEMOR AL FUTURO DESAPARECE CUANDO CONFÍAS EN EL DIOS QUE YA ESTÁ EN ÉL

Dios no te espera en el futuro...

Dios ya gobierna el futuro.

Él ya vio tu mañana.

Él ya preparó tu provisión.

Él ya preparó tu protección.

Él ya ordenó tus pasos.

Él ya te está esperando con victoria.

Mientras tú temes lo desconocido,

Dios te dice: "Yo ya estuve ahí."

7. EL HOY ES EL PUENTE ENTRE EL AYER Y EL MAÑANA

Tu pasado no puede perseguirte si tú permaneces en el hoy.

Tu futuro no puede asustarte si recibes la gracia del hoy.

El hoy es el espacio sagrado donde:

- Dios sana el ayer

- Dios cubre el mañana

- Dios fortalece tu corazón

- Dios renueva tu mente

- Dios te recuerda quién eres en Él

No vivas donde ya no estás (ayer).

No vivas donde aún no existes (mañana).

Vive en el único lugar donde Dios te está hablando: hoy.

REFLEXIÓN DEL CAPÍTULO

¿Qué parte de tu ayer sigues cargando?

¿Qué parte de tu mañana te roba paz?

¿Estás viviendo desde tus heridas o desde Su gracia?

Dios no te llama desde tu pasado.

Dios te llama desde tu propósito.

EJERCICIO PRÁCTICO DEL DÍA:

"El Puente del Hoy"

1. Divide una hoja en tres columnas: Ayer – Hoy – Mañana.
2. En Ayer, escribe algo que te ha dolido o marcado.
3. En Mañana, escribe el temor o incertidumbre que te provoca.
4. En Hoy, escribe una verdad bíblica que te sostiene, como:

- "Dios está conmigo"
- "Su gracia me es suficiente"
- "Todo lo puedo en Cristo"
- "Él tiene planes de bien para mí"

Termina declarando:

"Hoy camino libre. Hoy camino confiado(a). Hoy camino en Dios."

10

VIVIR LIVIANO: EL DISEÑO DIVINO PARA EL ALMA

Frase:

"Lo que Dios no te dio para cargar... no te corresponde llevar."

Versículo Clave:

"Venid a mí todos los que estáis trabajados y cargados, y yo os haré descansar... mi yugo es fácil y ligera mi carga." – *Mateo 11:28-30*

---

1. NO FUISTE DISEÑADO(A) PARA CARGARLO TODO

Hay cargas que provienen de responsabilidades legítimas,

pero hay otras que no tienen nada que ver con tu propósito.

Cargas que fueron impuestas:

- por expectativas de otros

- por presiones sociales

- por miedo al rechazo

- por culpa del pasado

- por heridas emocionales

- por roles que nunca fueron tuyos

Dios jamás te pidió cargar el peso del mundo.

Eso solo le corresponde a Él.

Cuando cargas lo que no te corresponde, el alma se siente pesada.

Cuando cargas lo que Dios sí te dio, el alma fluye.

2. VIVIR LIVIANO NO ES SER IRRESPONSABLE, ES SER LIBRE

Algunas personas confunden "vivir liviano" con descuido, flojera o falta de compromiso.

Pero vivir liviano bíblicamente significa:

Vivir alineado a lo que Dios te pidió… no a lo que tú te impusiste.

Ser responsable no es cargarlo todo.

Ser responsable es obedecer lo que Dios te asignó

y soltar lo que Él nunca dijo que llevaras.

3. EL ALMA SE AGOTA CUANDO ACUMULA CARGAS QUE NO SUELTA

Cada día, sin darte cuenta, recoges cargas:

- preocupaciones

- pensamientos

- inseguridades

- responsabilidades excesivas

- expectativas ajenas

- sentimientos guardados

- temores silenciosos

Cuando esas cargas no se sueltan, se acumulan.

Y cuando se acumulan, se convierten en:

- ansiedad

- cansancio profundo

- irritabilidad

- desánimo

- confusión

- agotamiento espiritual

No es falta de fuerza, es exceso de peso.

4. JESÚS OFRECE UN INTERCAMBIO DIVINO

Jesús no solo te invita a acercarte;

te invita a entregar.

"Venid a mí..."

no significa solo venir por paz,

significa venir a transferir peso.

Él te dice:

- Dame tu preocupación, y te doy Mi paz.

- Dame tu cansancio, y te doy Mi descanso.

- Dame tu culpa, y te doy Mi perdón.

- Dame tu miedo, y te doy Mi seguridad.

- Dame tu carga, y te doy Mi fuerza.

La vida liviana no nace de tu esfuerzo, sino del intercambio con Cristo.

5. VIVIR LIVIANO ES VIVIR DESDE LA GRACIA, NO DESDE EL ESFUERZO

Cuando vives desde la gracia:

- dejas de compararte

- dejas de luchar solo(a)

- dejas de sobrepensar

- dejas de exigirte perfección

- dejas de intentar controlar todo

- dejas de cargar batallas que no son tuyas

La gracia produce ligereza.

El esfuerzo produce agotamiento.

6. LA LIGEREZA VIENE DE LA CLARIDAD

Hay cargas pesadas porque estás cargando cosas que no son tuyas:

- Problemas de otros que te adjudicaste.

- Opiniones que te ataron.

- Culpa que ya fue perdonada.

- Expectativas que no puedes cumplir.

- Historias que no te pertenecen.

Cuando tienes claridad de lo que Dios te llamó a hacer —y lo que no—

tu alma respira.

No puedes correr la carrera correcta si llevas maletas que no son tuyas.

7. VIVIR LIVIANO ES UN ACTO DE FE

Creer que Dios tiene el control implica soltar aquello que tú intentas controlar.

Soltar requiere fe.

Descansar requiere fe.

Confiar requiere fe.

Poner límites requiere fe.

Decidir vivir liviano es un acto espiritual, no emocional.

Es decir:

"Señor, yo hago mi parte y confío en que Tú harás la tuya."

REFLEXIÓN DEL CAPÍTULO

¿Qué carga estás cargando que Dios nunca te pidió?

¿Qué peso emocional o espiritual podrías soltar hoy?

¿Tu alma se siente pesada porque está sobrecargada… o porque está fuera de alineación?

Recuerda:

Dios no quiere verte agotado(a).

Él quiere verte libre, liviano(a) y en paz.

EJERCICIO PRÁCTICO DEL DÍA:

"La Mochila Espiritual"

1. Imagina que tu vida es como una mochila.

2. Escribe en una hoja cada peso que llevas:

    – nombre de una preocupación
    – de una persona
    – de una responsabilidad
    – de un miedo
    – de una culpa
    – de una expectativa

3. Ahora, lee cada palabra y pregúntate: *"¿Esta carga viene de Dios o viene de mí?"*
4. Marca con una ✔ las que sí te corresponden.
5. Marca con una ✖ las que debes soltar.

6. Ora y dile a Dios: *"Hoy suelto lo que no es mío y tomo Tu yugo ligero."*

Haz esto una vez por semana.

Verás cómo tu alma se va liberando y caminando en paz.

11

LAS DECISIONES DE HOY SON LA COSECHA DEL FUTURO

Frase:

"Tu futuro no se define por deseos... sino por decisiones."

Versículo Clave:

"Todo lo que el hombre sembrare, eso también segará." – Gálatas 6:7

1. EL FUTURO NO LLEGA POR CASUALIDAD, LLEGA POR DIRECCIÓN

Muchas personas esperan que su mañana cambie,

pero siguen tomando las mismas decisiones hoy.

El futuro no es magia.

El futuro es cosecha.

Lo que sembraste ayer te trajo aquí.

Lo que siembres hoy te llevará allá.

Cada palabra, cada acción, cada respuesta, cada postura,

cada paso que tomas hoy está diseñando la ruta que caminarás mañana.

2. LAS DECISIONES DIARIAS FORMAN TU DESTINO

Tu vida no cambia en un solo gran momento,

cambia en cientos de momentos pequeños:

- cómo respondes
- cómo oras
- cómo piensas

- cómo actúas

- cómo siembras

- cómo cuidas tu corazón

- cómo manejas tu tiempo

- cómo administras lo que Dios te da

Pequeñas decisiones se convierten en grandes resultados.

La transformación no es un evento,

es un hábito.

3. NO PUEDES COSECHAR FUTURO DE UN TERRENO DONDE NO SEMBRASTE HOY

A veces queremos:

- paz sin haber sembrado oración

- propósito sin haber sembrado obediencia

- puertas abiertas sin haber sembrado disciplina

- crecimiento sin haber sembrado sacrificio

- sabiduría sin haber sembrado palabra

- milagros sin haber sembrado fe

- honra sin haber sembrado integridad

Dios es Dios de milagros,

pero también es Dios de principios.

Y un principio espiritual inquebrantable es este:

la cosecha depende de la siembra.

4. CADA DECISIÓN QUE TOMAS REVELA EN QUIÉN CONFÍAS

Tus decisiones dicen mucho más que tus palabras.

Revelan:

- tu nivel de fe

- tu entendimiento de propósito

- tu confianza en Dios

- tu madurez espiritual

- tu identidad

- tu carácter

La fe no sólo se predica,

se decide.

Cada decisión es una expresión de tu espiritualidad.

5. LAS DECISIONES PEQUEÑAS SON LAS QUE CAMBIAN TODO

Muchos subestiman las decisiones pequeñas porque parecen insignificantes.

Pero la vida se eleva o se derrumba por decisiones simples:

- 10 minutos con Dios

- 1 pensamiento corregido

- 1 acto de obediencia

- 1 semilla sembrada

- 1 conversación evitada

- 1 palabra hablada a tiempo

- 1 límite puesto

- 1 tentación resistida

El enemigo no ataca solo grandes cosas;

ataca decisiones pequeñas que alteran destinos grandes.

6. LAS DECISIONES CORRECTAS REQUIEREN RENUNCIA

Decidir bien casi siempre implica:

- decir NO a lo que te distrae

- decir NO a lo que roba tu paz

- decir NO a lo que apaga tu espíritu

- decir NO a lo que atrasa tu propósito

- decir NO a lo que alimenta tu carne

- decir NO a lo que contradice la Palabra

Y decir SÍ a:

- lo que edifica

- lo que sana

- lo que construye

- lo que honra a Dios

- lo que te acerca a tu destino

- lo que fortalece tu fe

El propósito requiere disciplina.

La bendición requiere orden.

7. UNA MALA DECISIÓN NO CANCELA TU FUTURO, PERO UNA NUEVA DECISIÓN PUEDE RESTAURARLO

Todos hemos tomado decisiones equivocadas.

Pero la gracia de Dios es mayor que tus errores.

Dios puede:

- enderezar

- restaurar

- levantar

- redirigir

- reconstruir

Lo que una mala decisión dañó.

No estás definido por un mal paso,

sino por la disposición de dar un nuevo paso con Dios.

8. EL ESPÍRITU SANTO ES TU CONSEJERO EN CADA DECISIÓN

No tienes que decidir solo(a).

El Espíritu Santo fue enviado para:

- guiarte
- corregirte
- advertirte
- fortalecerte
- acompañarte
- darte sabiduría
- mostrarte el camino correcto

Antes de decidir, pregúntale:

"Espíritu Santo, ¿qué quieres que haga?"

Él nunca te llevará a un terreno donde la bendición no te pueda seguir.

REFLEXIÓN DEL CAPÍTULO

¿Qué decisiones de hoy están construyendo el mañana que deseas?

¿Qué decisiones necesitas ajustar?

¿Estás sembrando lo que realmente quieres cosechar?

Recuerda:

Tus sueños no crean tu futuro...

tus decisiones sí.

EJERCICIO PRÁCTICO DEL DÍA:

"Mi Decisión del Día"

1. Escribe una decisión importante que necesitas tomar hoy.
2. Pregúntate:

   – ¿Esta decisión honra a Dios?
   – ¿Me acerca a mi propósito?
   – ¿Produce paz o confusión?
   – ¿Construye o destruye?

3. Ora: *"Señor, alinea mi corazón a Tu voluntad. Dame sabiduría para decidir."*
4. Toma una acción concreta que respalde esa decisión.

Haz este ejercicio por 7 días.

Verás cómo tu vida empieza a organizarse espiritualmente y emocionalmente.

12

UN DÍA A LA VEZ,
PERO CON PROPÓSITO

Frase:

"No es vivir para sobrevivir… es vivir para avanzar."

Versículo Clave:

_____

"El corazón del hombre piensa su camino; mas Jehová endereza sus pasos." – Proverbios 16:9

_____

1. VIVIR UN DÍA A LA VEZ NO ES VIVIR SIN VISIÓN

Hay quienes confunden "vivir un día a la vez" con vivir sin metas, sin dirección, sin enfoque.

Pero la Biblia enseña que vivir por días no significa vivir sin propósito.

Dios te llama a dos ritmos simultáneos:

Ritmo 1: vivir anclado(a) en el hoy.

Ritmo 2: caminar hacia lo que Él te prometió.

Dios te dirige en el día,

pero te impulsa hacia el destino.

El propósito no es algo distante;

se construye cada día con pasos firmes.

2. UN DÍA A LA VEZ NO ES FALTA DE FE… ES FE PROCESADA

Vivir por fe no es solo creer en grande,

es ser fiel en lo pequeño.

- Fiel hoy

- Firme hoy

- Obediente hoy

- Constante hoy

- Enfocado hoy

Los que viven un día a la vez no viven sin visión,

viven con una fe que avanza paso a paso, no salto a salto.

3. EL PROPÓSITO SE DESCUBRE EN LO COTIDIANO

Dios no revela tu propósito únicamente en momentos extraordinarios;

lo revela en:

- conversaciones sencillas

- responsabilidades diarias

- oportunidades pequeñas

- decisiones constantes

- caminos rutinarios

- tareas que parecen comunes

Lo eterno se oculta en lo cotidiano.

Dios entrena tu propósito mientras vives tu día.

4. EL PROPÓSITO NO ES SOLO UNA META, ES UN ESTILO DE VIDA

Muchos ven el propósito como un evento o un logro final.

Pero bíblicamente, el propósito es:

- cómo amas

- cómo sirves

- cómo obedeces

- cómo respondes

- cómo creces

- cómo actúas cuando nadie te ve

- cómo enfrentas lo difícil

- cómo manejas lo que Dios te confía

El propósito no comienza cuando "llegas",

comienza cuando decides caminar en obediencia hoy.

5. LA INTENCIONALIDAD TRANSFORMA EL HOY EN TERRENO FÉRTIL

Vivir un día a la vez no es pasividad;

es intencionalidad.

Cuando tú decides:

• enfocar tu mente

• dirigir tu corazón

• prestar atención a lo que Dios habla

• ordenar lo que debes hacer

• sembrar donde Dios te plantó

Tu día se convierte en un terreno fértil donde las semillas del propósito crecen.

Nada que se hace con intención se pierde.

6. EL PROPÓSITO SE CONSTRUYE CON DISCIPLINA

La mayoría espera grandeza.

Pero pocos quieren el proceso de disciplina que produce esa grandeza.

La disciplina diaria es el puente entre lo que sueñas y lo que logras.

Disciplina es:

- mantener tu comunión

- cuidar tu carácter

- proteger tu enfoque

- cerrar puertas incorrectas

- decir NO cuando es necesario

- insistir cuando te quieres rendir

- avanzar cuando te sientes detenido

Dios engrandece lo que tú perseveras.

7. EL HOY ES TU ENSAYO PARA LA ASIGNACIÓN DEL MAÑANA

Dios nunca te entregará un mañana que no puedas cargar.

Por eso te da hoy lo que puedes manejar hoy.

El presente es tu entrenamiento,

tu preparación,

tu práctica espiritual,

tu plataforma de crecimiento.

Cada día Dios pulirá algo:

- una actitud

- una decisión

- una palabra

- un pensamiento

- un enfoque

- una reacción

Cada día te está formando para lo que viene.

8. CUANDO VIVES CON PROPÓSITO, CADA DÍA TIENE SENTIDO

Incluso los días difíciles.

Incluso los días de lágrimas.

Incluso los días donde no ves cambios.

Incluso los días donde sientes que retrocedes.

Nada se desperdicia en manos de Dios.

Ningún día es inútil.

Ningún paso es en vano.

Cuando vives un día a la vez con propósito,

tu vida deja de ser supervivencia

y se convierte en misión.

REFLEXIÓN DEL CAPÍTULO

¿Estás viviendo tu día con intención o simplemente reaccionando?

¿Estás caminando hacia tu propósito o solo sobreviviendo la jornada?

¿Tus decisiones de hoy reflejan el destino al que Dios te llamó?

Recuerda:

cada día es una pieza del rompecabezas del propósito.

EJERCICIO PRÁCTICO DEL DÍA:

"El Plan del Día con Propósito"

1. Antes de comenzar tu día, escribe: *"Hoy mi propósito es..."* y completa con tres acciones pequeñas pero intencionales. Ejemplo:

    – sembrar paz con mis palabras

- avanzar en una tarea que me acerca a mi meta
- orar por alguien específico

2. Al finalizar el día, revisa:

- ¿lo hice con intención?
- ¿qué aprendí hoy?
- ¿qué pude haber hecho mejor?

Este ejercicio convertirá tus días en terreno espiritual fértil.

13

CÓMO MANTENER LA FE CONSTANTE

Frase:

"La fe no es emoción; es disciplina del espíritu."

Versículo Clave:

───────────────────────────────

"Pero el justo por la fe vivirá." – Habacuc 2:4

───────────────────────────────

1. LA FE CONSTANTE NO NACE DE MOMENTOS FUERTES, SINO DE HÁBITOS FIRMES

Muchas personas creen que la fe crece en los altares, en los congresos, en los cultos fuertes...

Y sí, esos momentos avivan el fuego.

Pero la fe constante se forma:

- en la rutina

- en la oración diaria

- en la Palabra constante

- en los días comunes

- en la intimidad silenciosa

- en la obediencia discreta

La fe no se sostiene con emoción;

se sostiene con relación.

2. LA FE BAJA CUANDO LAS EXPECTATIVAS SUBEN MÁS QUE LA CONFIANZA

La fe tambalea cuando:

• esperas que todo cambie rápido

• quieres ver resultados inmediatos

• oras hoy y quieres la respuesta mañana

• te frustras porque el proceso tarda

• comparas tu caminar con el de otros

La expectativa humana es impaciente.

La fe bíblica es paciente.

La expectativa quiere controlar el resultado;

la fe suelta el control para confiar.

3. LA FE CONSTANTE SE ALIMENTA DE LA PALABRA, NO DE LAS EMOCIONES

La fe no se puede sostener con sentimientos,

porque los sentimientos cambian cada día.

Un día te sientes fuerte y otro día te sientes vacío.

Un día te sientes motivado y otro día cansado.

Un día te sientes seguro y otro día confundido.

Por eso Romanos 10:17 dice:

"La fe viene por el oír, y el oír por la Palabra de Dios."

No basta con "sentir fe".

Tienes que alimentarla.

4. LA FE CRECE CUANDO LA PONES EN PRÁCTICA

La fe no se fortalece cuando la guardas,

se fortalece cuando la usas.

Cada vez que:

- perdonas

- obedeces

- crees sin ver

- oras sin sentir

- declaras sin dudar

- avanzas cuando tienes temor

- decides esperar con paciencia

• siembras aun en escasez

... tu fe se ejercita.

La fe es un músculo.

Y todo músculo que no se ejercita, se debilita.

5. LA CONSTANCIA ES LA MAYOR PRUEBA DE MADUREZ ESPIRITUAL

La madurez espiritual no se mide por cuán alto saltas en la adoración,

sino por cuán firme caminas cuando nadie te ve.

Constancia es:

• seguir orando aunque no escuches nada

• seguir creyendo aunque no veas nada

• seguir sirviendo aunque no sientas nada

• seguir obedeciendo aunque te cueste

• seguir caminando cuando tus emociones gritan que te detengas

La fe constante es una decisión diaria, no una emoción ocasional.

6. LA DUDA NO ES EL ENEMIGO DE LA FE... LA INACCIÓN SÍ

Muchos se condenan por dudar.

Pero la duda no te destruye.

Lo que te destruye es rendirte ante ella.

La duda toca tu mente,

pero la fe toca tu voluntad.

No importa si tienes dudas,

lo que importa es que decidas creer por encima de ellas.

La fe no es ausencia de duda;

es avanzar a pesar de la duda.

7. EL ESPÍRITU SANTO TE AYUDA A PERMANECER

Dios no te pidió tener fe perfecto(a),

te pidió caminar acompañado(a).

El Espíritu Santo:

- fortalece tu interior

- te recuerda la Palabra

- te guía cuando te sientes perdido

- te sostiene cuando estás débil

- te impulsa cuando quieres renunciar

- te anima cuando estás desanimado

- te corrige cuando estás desviándote

No tienes que mantener la fe solo(a).

Tienes a un Ayudador dentro de ti.

REFLEXIÓN DEL CAPÍTULO

¿Qué está debilitando tu fe: tus expectativas o tu falta de constancia?

¿Depende tu fe de tus emociones o de tu decisión?

¿Estás alimentando tu fe diariamente o solo cuando hay crisis?

Recuerda:

la fe constante no se siente… se practica.

EJERCICIO PRÁCTICO DEL DÍA:

"El Entrenamiento de la Fe"

1. Haz una lista de tres áreas donde tu fe se ha debilitado.
2. Para cada área, escribe una acción de fe que tomarás hoy:

   – orar por algo específico
   – declarar una promesa
   – obedecer una instrucción
   – renunciar a un miedo
   – avanzar en algo pendiente

3. Ora diciendo: *"Señor, fortalece mi fe. Hoy decido creer por encima de lo que siento."*

Hazlo por una semana.

Verás tu fe moverse del desánimo a la firmeza.

14

DIOS ESTÁ EN LOS DETALLES DE TU DÍA

Frase:

"Nada es tan pequeño para que Dios no lo vea, ni tan simple para que Él no lo use."

Versículo Clave:

"Aún vuestros cabellos están todos contados." – Mateo 10:30

1. DIOS NO SOLO APARECE EN LOS MOMENTOS GRANDES

Muchos buscan a Dios en:

- los milagros

- las puertas abiertas

- las profecías

- las sanidades

- los cultos poderosos

- los momentos extraordinarios

Pero no se dan cuenta de que Dios también está:

- en lo cotidiano

- en lo sencillo

- en lo silencioso

- en lo pequeño

- en lo que parece insignificante

Nuestro Dios no es solo Dios de montes altos,

es Dios de pasos pequeños.

2. EL CIELO SE MANIFIESTA EN LO SIMPLE

Los detalles son las huellas de Dios en la rutina diaria.

Dios te habla en:

- una conversación inesperada

- una palabra que te llega justo a tiempo

- un mensaje que confirma algo

- un abrazo que levanta tu alma

- un pensamiento que calma tu mente

- un momento de paz en medio del caos

- una sonrisa que te recuerda que no estás solo(a)

Dios no necesita hacer un estruendo para manifestarse;

a veces solo se acerca en un susurro.

3. MIENTRAS TÚ VIVES TU DÍA, DIOS ESTÁ ORGANIZANDO TODO

Lo que para ti es casualidad, para Dios es estrategia.

Lo que para ti es coincidencia, para Dios es dirección.

Lo que para ti es sorpresa, para Dios es propósito.

Dios se mueve con precisión, como un reloj eterno:

cada persona, cada instante, cada evento...

todo está siendo alineado de manera perfecta.

Tú solo ves el momento,

pero Él ve la historia completa.

4. DIOS TE AMA CON UN AMOR DETALLISTA

El amor de Dios no es genérico.

No es superficial.

No es distante.

Es un amor:

- atento
- cuidadoso
- intencional
- personalizado
- profundo
- minucioso
- cercano

Dios no solo sabe quién eres,

Él sabe cómo eres.

Qué necesitas.

Cómo te sientes.

Qué piensas.

Qué te pesa.

Qué te preocupa.

Qué te alegra.

Él conoce tus detalles porque te creó con detalle.

5. LA FE CRECE CUANDO RECONOCES LO QUE DIOS HACE A DIARIO

La fe no solo se fortalece en los milagros grandes;

crece también cuando eres capaz de ver:

- la provisión diaria

- la paz repentina

- la fuerza inesperada

- la palabra precisa

- la puerta pequeña que se abre

- la persona que llega en el momento exacto

El que aprende a ver a Dios en los detalles,

nunca se sentirá solo.

6. LOS DETALLES DE DIOS SON MENSAJES DISFRAZADOS

A veces Dios te disciplina en un detalle.

A veces te guía en un detalle.

A veces te advierte en un detalle.

A veces te afirma en un detalle.

A veces te protege en un detalle.

A veces te sorprende en un detalle.

Dios usa lo pequeño para mostrarte lo grande que es Él.

7. SI TE DETIENES, VERÁS QUE DIOS SIEMPRE HA ESTADO AHÍ

Las personas que no ven a Dios en su día es porque viven demasiado rápido.

Cuando desaceleras, descubres:

- que Él te sostuvo

- que Él te dirigió
- que Él te habló
- que Él te protegió
- que Él te cubrió
- que Él te dio paz
- que Él evitó un mal
- que Él abrió algo a tu favor

Dios está trabajando más de lo que tú percibes.

REFLEXIÓN DEL CAPÍTULO

¿Estás viviendo tan rápido que no percibes a Dios en lo cotidiano?

¿Puedes recordar detalles de tu día donde Él estuvo presente sin que lo notaras?

¿Estás buscando a Dios en lo grande, cuando Él está hablándote en lo pequeño?

EJERCICIO PRÁCTICO DEL DÍA:

"El Diario de los Detalles de Dios"

1. Al finalizar tu día, escribe tres detalles donde viste la mano de Dios:

   – un gesto
   – una palabra
   – una emoción
   – una solución
   – una calma
   – una oportunidad
   – un encuentro

2. Agradece por cada uno, aunque te parezcan pequeños.
3. Termina diciendo: *"Señor, gracias por estar presente en cada detalle de mi día."*

Hazlo por 7 días y tu sensibilidad espiritual aumentará notablemente.

15

EL LEGADO QUE CONSTRUYES HOY

Frase:

"El legado no se deja cuando mueres; se construye mientras vives."

Versículo Clave:

"Generación a generación celebrará tus obras, y anunciará tus poderosos hechos." – Salmos 145:4

1. EL LEGADO NO ES PARA EL FUTURO… SE FORJA EN EL PRESENTE

Muchos piensan en legado como algo lejano, un concepto reservado para el final de la vida.

Pero la verdad bíblica es esta:

tu legado comienza con las decisiones que tomas hoy.

No se trata de lo que dejarás cuando ya no estés,

sino de lo que estás formando ahora:

- tu carácter

- tus valores

- tu testimonio

- tu fe

- tu impacto

- tus acciones

- tus palabras

- tu forma de amar

- tu liderazgo

El legado está vivo, y lo estás construyendo día a día.

MARÍA ISABEL RODRÍGUEZ

2. LAS GENERACIONES NO RECUERDAN TUS LOGROS… RECUERDAN TU VIDA

La gente puede olvidar:

- tus títulos

- tus premios

- tus posiciones

- tus habilidades

Pero jamás olvidarán:

- cómo los hiciste sentir

- cómo los trataste

- cómo los inspiraste

- cómo los amaste

- cómo los levantaste

- cómo reflejaste a Dios en tu caminar

El legado no se mide en aplausos,

se mide en almas tocadas.

3. EL LEGADO ESPIRITUAL ES MÁS PODEROSO QUE EL MATERIAL

Puedes dejar bienes, propiedades o recursos,

pero eso no sostiene a una generación.

El legado espiritual impacta:

- corazones

- decisiones

- vidas

- generaciones enteras

- generaciones que aún no han nacido

Cuando tú caminas con Dios hoy,

estás abriendo puertas para los que vendrán mañana.

4. UNA VIDA DE INTEGRIDAD CONSTRUYE UN LEGADO ESTABLE

El legado no se construye con actos aislados,

sino con consistencia.

Integridad es:

- hacer lo correcto cuando nadie te ve

- mantenerte firme cuando otros se rinden

- hablar verdad aunque cueste

- caminar en santidad

- ser fiel aun en lo pequeño

- sostener tu palabra

- vivir de acuerdo a lo que predicas

Tu legado siempre va a reflejar tu consistencia,

no tus momentos esporádicos.

5. CADA SEMILLA QUE SIEMBRAS HOY ENTRA A TU FUTURO

Tu legado está formado por semillas diarias:

- una palabra correcta

- un acto de amor

- una enseñanza

- una corrección a tiempo

- una oración por alguien

- un sacrificio silencioso

- un consejo inspirado

- un ejemplo en tu hogar

- un gesto de generosidad

- una acción de obediencia

Cada semilla germina y se multiplica más allá de ti.

Dios hace que tu siembra tenga frutos que tú tal vez nunca verás...

pero otros sí.

6. EL LEGADO SE CONSTRUYE PRIMERO EN CASA

El ministerio más grande no empieza en una plataforma,

empieza en tu hogar.

Tus hijos, tu familia, los que viven cerca de ti...

ellos son los primeros beneficiarios de tu legado espiritual.

Tu amor, tu fe, tu ejemplo, tu carácter, tu forma de resolver conflictos,

tu manera de servir, tu forma de perdonar...

Eso es legado real.

Lo que Dios hace en ti hoy,

Él lo usará para impactar a los tuyos mañana.

7. DIOS ESTÁ FORMANDO UN LEGADO A TRAVÉS DE TI, AUN CUANDO NO LO VES

Hay días donde sientes que no avanzas,

que no produces,

que no estás logrando mucho.

Pero Dios ve lo que tú no ves.

Cada acto de obediencia,

cada paso de fe,

cada lágrima entregada,

cada batalla superada,

cada caída levantada...

Todo eso forma tu legado.

El cielo registra tu fidelidad,

aunque la tierra no la aplauda.

8. TU LEGADO SERÁ UN TESTIMONIO DE LA FIDELIDAD DE DIOS

Al final, tu legado no hablará solo de ti...

hablará del Dios que te sostuvo.

De cómo Él:

- te levantó

- te procesó

- te restauró

- te transformó

- te fortaleció

- te guió

El legado más poderoso es aquel que señala al Padre.

Un legado donde se ve menos de ti,

y más de Cristo.

REFLEXIÓN DEL CAPÍTULO

¿Qué legado estás construyendo con tus decisiones de hoy?

¿Tu vida inspira a otros a acercarse a Dios?

¿Estás sembrando semillas para las generaciones que vendrán?

Recuerda:

el futuro te pertenece, pero el legado te trasciende.

EJERCICIO PRÁCTICO DEL DÍA:

"Mi Semilla de Legado"

1. Piensa en una acción que puedas hacer HOY que impacte a alguien mañana. Ejemplos:

    – enviar una palabra de ánimo
    – enseñar algo a un hijo o discípulo
    – orar por alguien que lucha
    – sembrar una ofrenda guiada por Dios
    – corregir con amor a alguien que necesita dirección
    – reconciliarte con alguien
    – escribir una promesa para futuras generaciones

2. Escríbelo en tu cuaderno.
3. Hazlo antes de que termine el día.

4. Ora: *"Señor, haz de mi vida un legado que glorifique Tu nombre."*

PLAN DE ACCIÓN: 30 DÍAS

VIVIENDO BÍBLICAMENTE UN DÍA A LA VEZ

Este plan está diseñado para acompañar al lector durante 30 días de transformación espiritual, emocional y mental. Cada día incluye una acción, un versículo y una declaración, para establecer un ritmo divino en la vida diaria.

La estructura está creada para que el lector experimente el mensaje del libro de forma práctica, tangible y profunda.

DÍA 1 — ENTRÉGALE TUS CARGAS A DIOS

Versículo: Mateo 11:28

Acción: Escribe en una hoja lo que te pesa y entrégalo en oración.

Declaración: Hoy camino liviano porque Dios lleva mis cargas.

DÍA 2 — AGRADECE POR EL HOY

Versículo: Salmos 118:24

Acción: Escribe tres cosas por las que agradeces hoy.

Declaración: Este día es un regalo y lo recibo con gozo.

DÍA 3 — IDENTIFICA TU ANSIEDAD

Versículo: Filipenses 4:6-7

Acción: Anota lo que está generando ansiedad en tu vida.

Declaración: Entrego mi ansiedad y recibo Tu paz.

DÍA 4 — BUSCA TU PAN ESPIRITUAL

Versículo: Mateo 6:11

Acción: Lee un capítulo de la Biblia y escribe una enseñanza.

Declaración: Hoy recibo el pan espiritual que necesito.

DÍA 5 — PRACTICA EL SILENCIO CON DIOS

Versículo: Salmos 46:10

Acción: Dedica 5 minutos de silencio absoluto.

Declaración: En el silencio escucho Su voz.

DÍA 6 — SUELTA EL CONTROL

Versículo: Proverbios 3:5-6

Acción: Identifica algo que estás intentando controlar y suéltalo.

Declaración: Dios dirige mis pasos aunque yo no entienda todo.

DÍA 7 — HAZ ESPACIO PARA DIOS EN TU DÍA

Versículo: Salmos 5:3

Acción: Separa un lugar físico para buscar al Señor.

Declaración: Dios es mi prioridad hoy y siempre.

DÍA 8 — OBSERVA LOS DETALLES DE DIOS

Versículo: Mateo 10:30

Acción: Anota 3 detalles donde viste Su mano hoy.

Declaración: Dios cuida cada área de mi vida.

DÍA 9 — DESCANSA SIN CULPA

Versículo: Éxodo 33:14

Acción: Tómate un tiempo de descanso consciente.

Declaración: Mi alma descansa en la Presencia de Dios.

DÍA 10 — HAZ UNA ACCIÓN DE FE

Versículo: Santiago 2:17

Acción: Da un paso pequeño hacia algo que Dios te habló.

Declaración: Mi fe se mueve con mis acciones.

DÍA 11 — REVISA TUS CARGAS EMOCIONALES

Versículo: Salmos 55:22

Acción: Evalúa con quién necesitas hablar, soltar o reconciliar.

Declaración: No cargo emociones que Dios ya liberó.

DÍA 12 — DIRIGE TU MENTE

Versículo: Romanos 12:2

Acción: Corrige un pensamiento negativo con la Palabra.

Declaración: Mi mente se renueva y se alinea a la verdad.

DÍA 13 — PERDONA A ALGUIEN (AUNQUE SEA EN TU CORAZÓN)

Versículo: Marcos 11:25

Acción: Ora por la persona que necesitas perdonar.

Declaración: El perdón me libera para avanzar.

DÍA 14 — SANA UNA HERIDA DEL AYER

Versículo: Isaías 43:18

Acción: Escribe algo del pasado que ya no quieres cargar.

Declaración: Mi ayer no define mi hoy.

DÍA 15 — RECONOCE LA GRACIA DEL DÍA

Versículo: Lamentaciones 3:22-23

Acción: Anota cómo Dios te mostró Su gracia hoy.

Declaración: La gracia de Dios me sostiene siempre.

DÍA 16 — CAMINA CON PROPÓSITO

Versículo: Efesios 2:10

Acción: Haz una tarea importante con excelencia.

Declaración: Fui creado(a) para buenas obras hoy.

DÍA 17 — ELIGE UNA ACTITUD DIFERENTE

Versículo: Filipenses 4:8

Acción: Corrige una reacción impulsiva o emocional.

Declaración: Mi actitud refleja al Espíritu Santo.

DÍA 18 — PROTEGE TU PAZ

Versículo: Juan 14:27

Acción: Di NO a una situación que roba tu paz.

Declaración: Mi paz está guardada por Dios.

DÍA 19 — PRACTICA LA OBEDIENCIA PEQUEÑA

Versículo: 1 Samuel 15:22

Acción: Obedece una instrucción sencilla que Dios te ha mostrado.

Declaración: La obediencia diaria abre puertas eternas.

DÍA 20 — REVISA TUS RELACIONES

Versículo: Amos 3:3

Acción: Evalúa a quién debes acercarte o de quién debes alejarte.

Declaración: Me conecto con personas que alimentan mi propósito.

DÍA 21 — FORTALECE TU FE

Versículo: Romanos 10:17

Acción: Memoriza un versículo que te dé fortaleza.

Declaración: Mi fe aumenta cuando escucho Su Palabra.

DÍA 22 — HAZ UN ACTO DE AMOR

Versículo: 1 Juan 4:7

Acción: Bendice a alguien de manera intencional.

Declaración: El amor de Dios fluye a través de mí.

DÍA 23 — REVISA TU PROPÓSITO

Versículo: Jeremías 29:11

Acción: Escribe dónde crees que Dios te está guiando.

Declaración: Dios tiene planes de bien para mi vida.

DÍA 24 — CUIDA TU TEMPLO (TU CUERPO)

Versículo: 1 Corintios 6:19

Acción: Realiza una acción saludable (agua, caminata, descanso).

Declaración: Mi cuerpo es templo y lo honro.

DÍA 25 — ORGANIZA TUS PRIORIDADES

Versículo: Mateo 6:33

Acción: Ordena tu agenda conforme a lo espiritual primero.

Declaración: Busco primero a Dios y todo se ordena en mi vida.

DÍA 26 — DECLARA VICTORIA SOBRE UN ÁREA DIFÍCIL

Versículo: 1 Juan 5:4

Acción: Escribe la victoria que Dios promete en esa área.

Declaración: Soy vencedor(a) por la fe.

DÍA 27 — HAZ ALGO QUE HABÍAS POSPUESTO

Versículo: Proverbios 21:5

Acción: Realiza una tarea que has dejado para después.

Declaración: La disciplina es parte de mi propósito.

DÍA 28 — BUSCA PAZ ANTES DE DORMIR

Versículo: Salmos 4:8

Acción: Ora antes de acostarte por un descanso reparador.

Declaración: Mi noche está en manos de Dios.

DÍA 29 — REVISA TU CORAZÓN

Versículo: Salmos 139:23-24

Acción: Pídele a Dios que revele lo que debes ajustar.

Declaración: Dios me guía en el camino eterno.

DÍA 30 — CELEBRA TU AVANCE

Versículo: Salmos 103:2

Acción: Escribe los cambios que experimentaste en estos 30 días.

Declaración: Hoy celebro lo que Dios comenzó, y sé que Él lo perfeccionará.

PÁGINA DE AGRADECIMIENTOS

Agradezco primeramente a Dios, mi fuente constante, mi paz diaria y mi guía fiel.

Agradezco a mi familia, quienes caminan conmigo con amor, paciencia y fe.

A la Iglesia y ministerio que Dios me permitió liderar, gracias por ser tierra fértil donde puedo sembrar y crecer.

A cada lector que tomó este libro, gracias por permitir que mis palabras entren a tu corazón.

Este libro existe por gracia, y su impacto es evidencia de que Dios usa lo simple para traer transformación profunda.

SOBRE LA AUTORA

María Isabel Rodríguez es pastora, conferencista, líder comunitaria y autora de múltiples libros que han transformado vidas a través de mensajes de fe, propósito, liderazgo y sanidad del alma.

Como fundadora y directora de diversos ministerios y proyectos, ha dedicado su vida a edificar generaciones, fortalecer familias y levantar líderes en integridad y visión.

Su pasión es ver vidas restauradas y personas descubriendo su propósito en Dios, un día a la vez.

Estudios y Preparación Académica

María Isabel Rodríguez es pastora, líder, autora, conferencista y mentora con una sólida formación académica, ministerial y profesional, que integra la fe, el liderazgo y la excelencia en cada área de su vida.

🎓 Estudios Académicos

- **Universidad de Puerto Rico**
- *Licenciatura en Estudios Interdisciplinarios Prejurídicos*
- **Colegio Universitario de Gurabo, Puerto Rico**
- *Grado Asociado en Justicia Criminal*
- **DeVry University**
- *Bachillerato en Administración de Empresas*
- **Global University**
- *Doctorado en Ministry Leadership*

📖 Formación Teológica y Ministerial

- **Global University – Escuela de la Biblia Berea**
- *Diploma en Estudios Ministeriales con Especialización en Liderazgo*
- *(Ministro Licenciado)*

✦ CERTIFICACIONES Y ESPECIALIZACIONES

- **Coaching in Business Administration**

- *(Women Business Center)*
- **Coach, Speaker & Trainer Certificada**
- *John Maxwell Team*
- **Traductora Certificada**
- *Oxford University*
- ✦ **Liderazgo y Ministerio**
- Fundadora y propietaria de **varias empresas en Estados Unidos y Puerto Rico**, combinando visión empresarial con valores del Reino.
- **Pastora principal de Iglesia El Legado**, ministerio dedicado a impulsar vidas a crecer en fe, carácter y propósito, formando líderes con integridad y visión.
- **Conferencista, autora y mentora**, reconocida por inspirar a otros a romper sus cascarones, superar límites y **volar como águilas**, caminando hacia el llamado que Dios ha depositado en ellos.

Su vida es testimonio de que los comienzos pequeños no determinan el destino, y de que Dios puede levantar de lo sencillo lo extraordinario.

REFLEXIÓN FINAL

"Dios te dio el hoy como regalo.

Tu tarea es vivirlo con intención, fe y descanso."

En este libro aprendiste a soltar el control, recibir la gracia, caminar con propósito y mantener una fe constante.

Ahora tienes herramientas prácticas para vivir con paz, claridad y enfoque.

Recuerda: el mañana está en manos de Dios, pero el hoy está en tus manos.

www.ingramcontent.com/pod-product-compliance
Lightning Source LLC
Chambersburg PA
CBHW032114090426
42743CB00007B/344